Sonderpublikation der GTZ, Nr. 182

Aus Abfallbergen Strom für die Eigenversorgung

Reisspelzenpyrolyse an der Reismühle Molodo

Erste Dreieckskooperation der GTZ
mit der Volksrepublik China

Aus Abfallbergen Strom für die Eigenversorgung

Reisspelzenpyrolyse an der Reismühle Molodo/Mali

Erste Dreieckskooperation der GTZ
mit der Volksrepublik China

Eschborn, 1986

CIP-Kurztitelaufnahme der Deutschen Bibliothek

Deumeland, Bruno:
Aus Abfallbergen Strom für die Eigenversorgung: Reisspelzenpyrolyse an d. Reismühle Molodo / Mali; 1. Dreieckskooperation d. GTZ mit d. Volksrepublik China / [Texte Bruno Deumeland; Rudolf Kiessling. Hrsg.: Dt. Ges. für Techn. Zusammenarbeit (GTZ) GmbH. Fotos: Bruno Deumeland]. – Rossdorf: TZ-Verlagsgesellschaft, 1986.

(Sonderpublikation der GTZ; Nr. 182)
ISBN 3-88085-314-2 (GTZ)

NE: Kiessling, Rudolf; Deutsche Gesellschaft für Technische Zusammenarbeit <Eschborn>: Sonderpublikation der GTZ; HST

Herausgeber
Deutsche Gesellschaft für Technische Zusammenarbeit (GTZ) GmbH, Dag-Hammarskjöld-Weg 1+2, Postfach 5180, 6236 Eschborn 1

Texte
Bruno Deumeland/ Agrar- und Hydrotechnik GmbH, Essen
Rudolf Kiessling/ GTZ

Umschlagsgestaltung
Manfred Sehring

Fotos
Bruno Deumeland

Druck
Druckerei Peter Schultz, 6000 Frankfurt

Vertrieb
TZ-Verlagsgesellschaft mbH, Postfach 36, 6101 Roßdorf 1

ISBN 3-88085-314-2
ISSN 0930-1070

Printed in Germany
I/6890/0,5

Alle Rechte der Verbreitung einschließlich Film, Funk und Fernsehen sowie der Fotokopie und des auszugsweisen Nachdrucks und Speicherung auf Datenträger bleiben vorbehalten.

VORWORT

Die Auswahl von Technologien, die sich zur Lösung von Entwicklungsproblemen in Ländern der Dritten Welt eignen, ist ein schwieriges Thema. Die örtlichen ökonomischen, geografischen und kulturellen Gegebenheiten unterscheiden sich in der Regel stark von den Verhältnissen in den Industrieländern.

Die GTZ bemüht sich daher seit langem um angepaßte Technologien aus Entwicklungs- und Schwellenländern für einen Einsatz in Drittländern.

Besonderes Augenmerk wurde dabei seit 1979 auf die VR China gerichtet, wo eine breite, weitgehend eigenständige technische Entwicklung unter Entwicklungsländerbedingungen stattgefunden hat. Zwar stellte sich bald heraus, daß auch viele chinesische Technologien nicht auf andere Entwicklungsländer übertragen werden können, da sie eben an typische chinesische Verhältnisse angepaßt sind, die unter vielen Aspekten von anderen Entwicklungsländern abweichen.

Die chinesische Technik der Reisspelzenvergasung stellte sich jedoch als vielversprechender Ansatz für eine Drittlandkooperation heraus.

Nach Lösung der hiermit zunächst verbundenen Umweltprobleme durch die deutsche Seite konnte 1986 eine erste Anlage mit großem Erfolg bei einer Reismühle in Mali im Rahmen der Deutschen Technischen Zusammenarbeit in Betrieb genommen werden.

Zur Zeit werden im Auftrag der Bundesregierung weitere Einsatzmöglichkeiten in der deutschen Entwicklungszusammenarbeit geprüft. Außerdem gibt es bereits Absprachen zwischen deutschen und chinesischen Firmen über eine kommerzielle Kooperation.

Die vorliegende Broschüre soll dazu dienen, den gefundenen Lösungsansatz bekannter zu machen und dadurch einen Beitrag zur Energieversorgung von reiserzeugenden Ländern der Dritten Welt zu leisten.

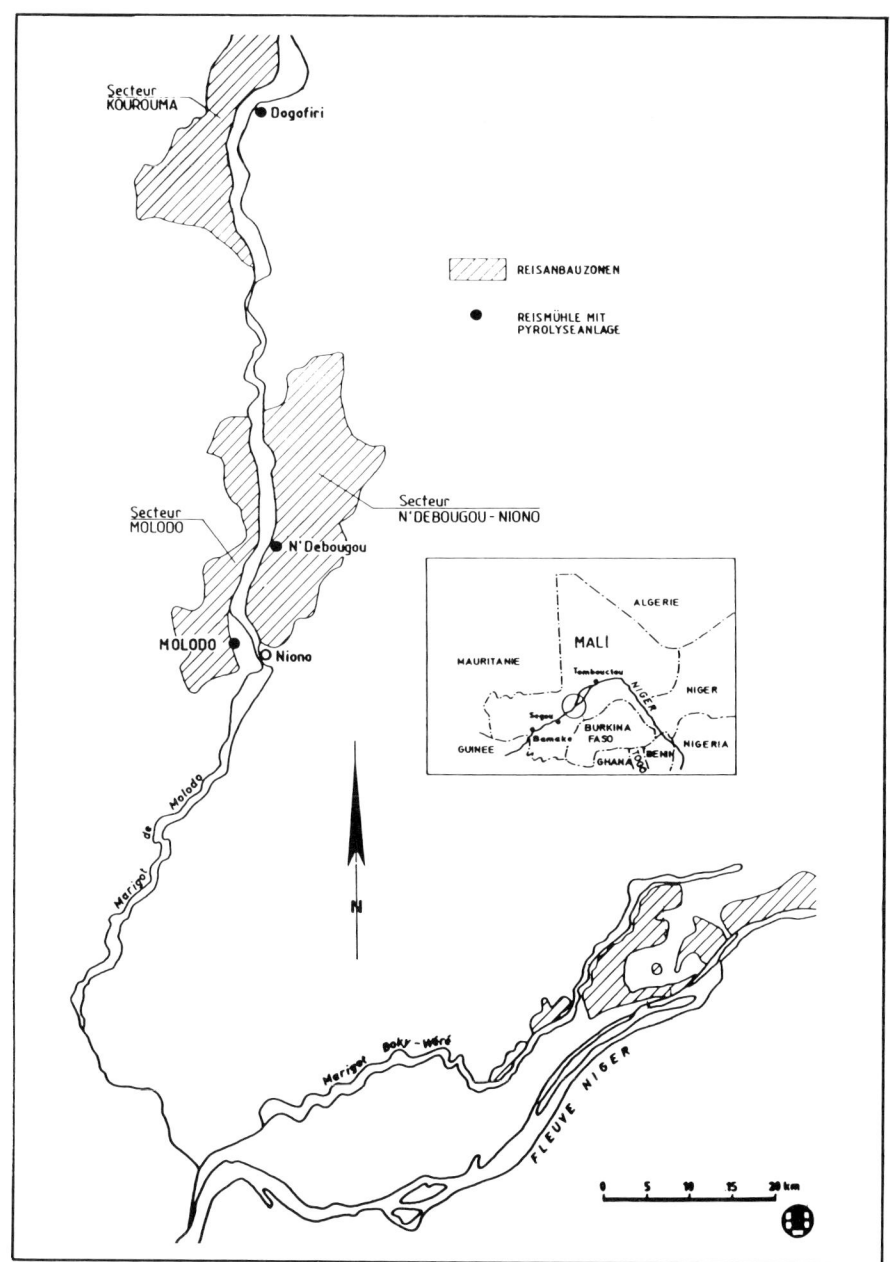

Reisspelzenvergasung durch Pyrolyse — Projektgebiet

Die Botschafter der Bundesrepublik Deutschland und der Volksrepublik China bei der Übergabefeier in Molodo / Mali am 29.1.1986

Wir danken

der Botschaft der Bundesrepublik Deutschland

und

der Botschaft der Volksrepublik China

in Bamako/Republik Mali

für die dauerhafte und effektive Unterstützung bei der Durchführung des Projektes.

Inhaltsverzeichnis   Seite

Zusammenfassung   15

1. Der Reis in Westafrika   17

    1.1 Ursprung   17
    1.2 Anbauzonen   17
    1.3 Anbauarten   17
    1.4 Erntemengen und Bedeutung des Reis   18

2. Reisverarbeitung   20

    2.1 Vor- und Nachteile der verschiedenen Verarbeitungsarten   20
    2.2 Verarbeitungsstufen in der Reismühle   21
    2.3 Vordämpfen (Parboiling)   23

3. Verwertung von Abfällen und Nebenprodukten   25

    3.1 Spelzen   25
    3.2 Schäl- und Schleifmehl   26

4. Kostendruck   28

    4.1 Erzeuger- und Verbraucherpreise   28
    4.2 Betriebskostenrechnung für eine 3,5 to/h Reismühle   29

        4.2.1 Tilgung und Zinsen   29
        4.2.2 Jahresbetriebskosten   29
        4.2.3 Energiekosten (Diesel)   29

5. Energiekostenanteil mit fossiler Energie   30

    5.1 Tilgung und Zinsen   30
    5.2 Gesamtbetriebskosten   30

6. Bisherige Verwendungsform von Reisspelzen   32

7. Der Rohstoff Reisspelzen und die energetische Verwendung   34

    7.1 Reisspelzen, Wert und Verfügbarkeit   34
    7.2 Systemaufbau des Gaskraftwerkes   34

        7.2.1 Gasreaktor   35
        7.2.2 Die Gasreinigung   35
        7.2.3 Der Gasmotor   35

		Seite

	7.3 Betriebspersonal	40
	7.3.1 Qualifikation und Anzahl	40
	7.4 Technische Daten und Werte	40
	7.4.1 Betriebsdaten	40
	7.4.2 Anschaffungswert / Maße und Gewichte	41
	7.5 Kostenrechnung	42
	7.5.1 Tilgung und Zinsen für Reisspelzengasgenerator	42
	7.5.2 Gesamtbetriebskosten	42
	7.6 Vorteile — Nachteile	43
	7.6.1 Vorteile	43
	7.6.2 Nachteile	43
8.	Ökologische Absicherung	45
	8.1 Beschreibung der Abwasserfilteranlage	45
	8.2 Gewünschte Ziele	47
9.	Kostengesamtrechnung / Kostenvergleich	49
10.	Zweitanlage zur Energieabgabe "Molodo II"	51
	10.1 Spelzenverfügbarkeit	51
	10.2 Energiebedarf	51
	10.3 Angewandte Technik	52
	10.4 Entwicklungspolitische Aspekte	52
11.	Grenzen des Systems	53
	11.1 Wasserverfügbarkeit	53
	11.2 Spelzenverfügbarkeit	53
	11.3 Strombedarf	54
	11.4 Nationale und örtliche Auflagen / Behinderungen	54
	11.5 Ökologie	55
12.	Verbreitungsmöglichkeiten	56

		Seite
Anhang 1 —	Adressenverzeichnis	57
Anhang 2 —	Fragebogen bzgl. Pyrolyse-Installation	59
Anhang 3 —	Fotodokumentation über den Aufbau des Kleinkraftwerks chinesischen Typs	61
Anhang 4 —	Fotodokumentation über die Verwertungsmöglichkeiten der Mühlenabfälle in der Landwirtschaft	63

Verzeichnis der Abbildungen

Arbeitsdiagramm der Reismühle Molodo	22
Chinesischer Gasreaktor	36
Gaswaschanlage	37
Schema der kompletten Anlage in Mali	38
Abwassersystem Molodo / Mali	46
Vollintegriertes System der Reisspelzennutzung	48

Zusammenfassung

In vielen Ländern Afrikas wird Reis angebaut; so auch in der Republik Mali in der westafrikanischen Sahelzone. Neben dem Hauptgetreide Hirse nimmt Reis einen verhältnismäßig bescheidenen Platz ein. Trotzdem gibt es umfangreiche Anbaugebiete. Eines davon liegt im Zentraldelta des Flusses Niger in Mali. Hier werden im Wirkungsbereich der staatlichen Organisation "Office du Niger" augenblicklich ca. 40 000 Ha Reis angebaut.

Seit 1981 unterstützt die Deutsche Gesellschaft für Technische Zusammenarbeit (GTZ) im Auftrag des Bundesministeriums für Wirtschaftliche Zusammenarbeit (BMZ) das Office du Niger bei der Rehabilitierung seiner vier Reismühlen. Der Schwerpunkt wurde dabei auf die Mühle Molodo gelegt. Neben Erneuerungsmaßnahmen in der Mühle selbst wurde 1984 damit begonnen, die Mühle Molodo mit einem Kraftwerk auszurüsten, welches seine Energie aus den Abfällen der Mühle selbst herstellt. Als Anstoß dienten zwei Anlagen dieser Art, die in den sechziger und siebziger Jahren von der Volksrepublik China für das Office du Niger errichtet wurden.

Die Reismühle Molodo hat eine jährliche Verarbeitungskapazität von ca. 20 000 Tonnen ungeschältem Reis (Paddy). Da beim wichtigsten Arbeitsgang einer Reismühle, dem Schälen, ca. 200 Kg Reisspelzen per 1000 Kg Paddy anfallen, steht dieser allgemein als Abfall angesehene Rohstoff in ausreichender Menge zur Verfügung. Bei dem angewandten Verfahren der Pyrolysevergasung reichen knapp 2,5 Kg Reisspelzen aus, um die für die Erzeugung von 1 KW Strom benötigte Menge Schwachgas zu gewinnen.

Bei einer Schälleistung von 20 000 Tonnen Paddy stehen 4000 Tonnen Spelzen zur Verfügung. Aus dieser Menge läßt sich Schwachgas gewinnen, das zur Erzeugung von 1 600 000 KW ausreicht. Die Reismühle selbst und ihre Nebeneinrichtungen benötigen jährlich nur ca. 600 000 KW. Es besteht also die Möglichkeit der Abgabe von Elektrizität an nicht reismühlengebundene Verbraucher. Ein solches Vorhaben soll 1986/87 in Molodo realisiert werden mit dem Ziel,

- die Energieversorgung der Reismühle sicherzustellen,
- Überschußenergie für die Entwicklung des ländlichen Raumes bereitzustellen,
- Einsparung von jährlich ca. 350.000 Litern Dieselkraftstoff,
- Senkung der Betriebskosten der Reismühle,
- Deviseneinsparung für die Republik Mali.

1. Der Reis in Westafrika

1.1 Ursprung

Reis wird im westafrikanischen Raum mindestens seit dem 9. Jahrhundert angebaut. Alte Schriften in der früheren Gelehrtenstadt Timbuktu erwähnen den Stamm der WOGO's als Reisbauern im Nigertal. Die Nachkommen dieser wahrscheinlich ersten westafrikanischen Reisbauern leben jetzt in der Gegend von Sinder, einem kleinen Ort 120 km nigeraufwärts von Niamey. Bis heute sind sie dem Reisanbau treu geblieben. Eine sehr beliebte lokale Reissorte ist nach ihnen benannt (Long Wogo).

1.2 Anbauzonen

Es gibt in Westafrika zwei Hauptanbauzonen: der gesamte Küstenstreifen von Nigeria bis Senegal und die großen Flüsse der Sahelzone (z.B. Niger und Senegal).

1.3 Anbauarten

Im Reisanbau unterscheidet man zwischen Bewässerungsreis und Trockenreis. Beim Bewässerungsreis ist zwischen modernen Reisperimetern mit Pumpstationen und der gewöhnlichen Gravitätsbewässerung in dafür günstigen Geländeformen zu unterscheiden.

Die teuren modernen Bewässerungsperimeter erlauben durch die permanente Wasserverfügbarkeit zwei Ernten im Jahr. Die Jahreserträge liegen bei 7 - 8 Tonnen Paddy/ha (1) und bei günstigen Umständen darüber. In Westafrika liegt jedoch der durchschnittliche Ertrag oft nur bei 4 - 5 Tonnen/ha.

---

1) Paddy = ungeschälter Reis.

Bei der in günstigen Geländelagen und oft durch ein umfangreiches Kanalsystem ermöglichten Überflutung bei Hochwasser liegen die Erträge pro Hektar meistens unter 1,5 Tonnen Paddy. Dieses ist die vom "Office du Niger" (1) im Projektgebiet angewandte Anbauart. Ein Kanalsystem von über 200 km Länge mit Ausgangspunkt am Staudamm Markala ermöglicht die Bewässerung weiter Landstriche mittels Schwerkraft. Augenblicklich werden ca. 40.000 ha für den Reisanbau bewässert.

Der Anbau von Trockenreis unterscheidet sich praktisch nicht vom europäischen Getreideanbau. Die für diese Anbauart geeigneten Gebiete liegen in der Regel 200 bis 600 km von der westafrikanischen Südküste entfernt (Nordgrenze des Regenwaldes).

Die Erträge liegen deutlich unter 1 Tonne/ha. Die geringen und oft unregelmäßigen Niederschläge (teilweise unter 300 mm) in der Sahelzone erlauben hier den Anbau von Trockenreis nicht.

1.4 Erntemengen und Bedeutung des Reis

Der Reisanteil an der gesamten Getreideproduktion ist verhältnismäßig gering und schwankt in den Ländern Westafrikas zwischen 5 und 25 %. In der Republik Mali wurde in den letzten Jahren ein Anteil von 7 - 10 % erreicht. Bedingt durch veraltete Bewässerungskanäle und ungünstige klimatische Verhältnisse wurde hier eine fallende Tendenz mit Schwankungen beobachtet (z.B. 1981 43.000 Tonnen und 1985 40.000 Tonnen).

---

1) Office du Niger (O.N.) ist der Projektträger.

Trotz des geringen Anteils der lokalen Reisproduktion hat der Reis eine zunehmende Bedeutung. Da er neben dem Hauptgetreide Hirse sehr beliebt ist und einfacher auf dem Weltmarkt zu finden ist als Hirse, wird bei Mißernten und somit fehlenden Getreidemengen häufig Reis eingeführt, so auch bei derzeitigen Lebensmittelhilfslieferungen der verschiedenen Geberländer.

Eine der Maßnahmen zur Steigerung der Getreideproduktion ist die Erweiterung von Bewässerungsperimetern. Die hohen Investitionskosten zwingen zum Anbau von ertragsgünstigen Kulturen. Reis gehört - da auch besonders für die Bewässerungslandwirtschaft geeignet - ohne Zweifel dazu.

Zusammensetzung des Paddy und Ausbeute an Weißreis:

Paddy brutto	100	
Schmutzanteile	3 - 8	
Paddy netto/brutto	92 - 97	= 100
Spelzen		20 - 22
Weißreis		64 - 66
Kleie		8 - 10
Schälmehl-Feinbruchanteile		2 - 3
Staubverluste		2 - 3

2. Reisverarbeitung

Für die Verarbeitung von Paddy gibt es drei Hauptmöglichkeiten: Handstampfen, Kleinhuller und Reismühlen (Schäl- und Schleifanlagen).

2.1 Vor- und Nachteile der verschiedenen Verarbeitungsarten

Handstampfen

Vorteile: - Arbeit und somit zusätzliche Verdienstmöglichkeiten für die Landfrauen
- gute Ausbeute

Nachteile: - Das zur Erleichterung des Handstampfens oft praktizierte Vorkochen ist zwar nährstofferhaltend, erfordert aber unangemessen hohe Brennholzmengen.

Kleinhuller

Vorteile: - vereinzelt Gewinnmöglichkeiten für Genossenschaften
- in Verbindung mit Handverarbeitung Arbeitserleichterung für die Frauen

Nachteile: - mittlere Ausbeute, keine Sortierung
- Verlust von 6 - 8 % wertvoller Kleie, die mit den Spelzen ausgeblasen wird und somit nicht als Viehfutter verwendet werden kann.

Schälen und Schleifen in den Mühlen

Vorteile: - sauberes und staubfreies Endprodukt
           - annehmbare Ausbeute
           - sauberes Aussortieren der Kleie (8 - 10 %)
           - stabile Preise

Nachteile: - höherer Verarbeitungspreis
           - durch - auf Verbraucherwunsch - gutes Weißschleifen Vitamin- und Nährstoffverluste.

2.2 Verarbeitungsstufen in der Reismühle
(s. Diagramm Mühle Molodo / Mali)

Die Verarbeitung des Paddy in den heute allgemein üblichen Reismühlen geschieht folgendermaßen:

- Reinigung des nach dem Drusch angelieferten Paddy. Hierbei werden Fremdkörper wie Erde, Steine, Stroh und Staub durch Windzug und Siebe sowie Metallteile durch Magnetabscheider entfernt;

- Nettoverwiegung zwecks Feststellung der prozentualen Schmutzanteile;

- Schälung, d.h. Herunterreißen der Kornhülse (Spelze);

- Abscheiden der Spelzen vom geschälten Korn;

- Auslesung und Rückführung nicht geschälter Körner (10 - 15 %) zum Nachlaufschäler.

Vorstehende Arbeitsgänge sind, da Paddy in seiner Grundform nicht genießbar ist, unbedingt erforderlich. Der Arbeitsan-

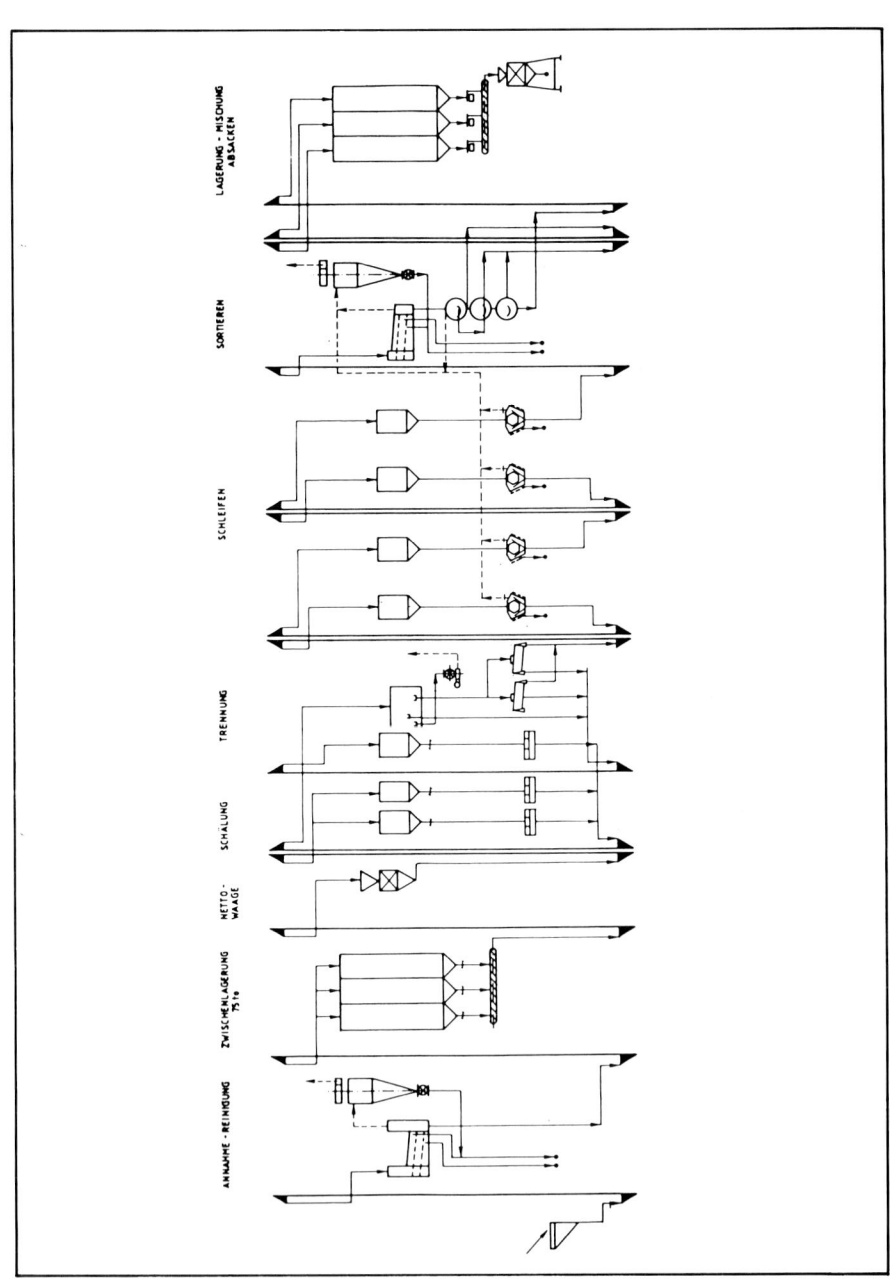

Arbeitsdiagramm der Reismühle Molodo / Mali

teil an der üblichen Gesamtverarbeitung liegt kostenmäßig bei 60 %. Eine direkt nachgeschaltete Aussiebung (Bruchreis) und Entstaubung würde die Vermarktung als Cargoreis (auch Braun- oder Vollreis genannt) erlauben. Der Verarbeitungskostenanteil würde dann bei etwa 70 % liegen.

Die auch in Westafrika sehr weit verbreitete Verbrauchergewohnheit, Weißreis zu bevorzugen, zwingt die Reismühlen zu einem weiteren Arbeitsgang:

- Schleifen
  Es handelt sich hier um das Abschleifen der Außenhaut des Reiskorns in bis zu vier aufeinander folgenden Schleifgängen. Mit der dabei anfallenden Kleie gehen dem Reiskorn wertvolle Vitamine und Nährstoffe verloren, die aber ein begehrtes Viehfutter darstellen. Eine Stabilisierung der Kleie zur nachfolgenden Keimölgewinnung ist bei den hier gegebenen Mengen wirtschaftlich nicht erreichbar.

2.3   <u>Vordämpfen (Parboiling)</u>

In einigen Reismühlen sind Vordämpfanlagen vorhanden. In diesen wird der Paddy ca. einen Tag lang eingeweicht, dann gedämpft und anschließend in mehreren Stufen wieder getrocknet.

Vorteile : - höhere Bruchfestigkeit bei den Verarbeitungsgängen Schälen und Schleifen;
- Nährstofferhaltung (die in der Außenhaut enthaltenen Nährstoffe werden größtenteils in das Innere des Reiskorns verlagert und gehen somit beim späteren Schleifen nicht für die menschliche Ernährung verloren).

Nachteile: - hohe Investitionskosten (bis zu 80 % des Mühlenwertes);
- hohe Anforderungen an das technische Niveau des bedienenden Personals;
- geschmackliche und optische Verfremdung des Reises;
- begrenzte Haltbarkeit des Endproduktes (nur durch weitere Nachbehandlung behebbar);
- zusätzlicher Energiebedarf;
- höhere Verarbeitungskosten.

3. Verwertung von Abfällen und Nebenprodukten

3.1 Spelzen

Beim Schälen des Paddy fallen ca. 20 % Spelzen an. Das geringe spezifische Gewicht (Spelzen wiegen lose geschüttet ca. 110 kg/m^3) trägt dazu bei, daß im Laufe der Produktionsperioden riesige Spelzenberge anfallen können, wenn keine ausreichende Nutzung erfolgt. Reismühlenbetreiber in unmittelbarer Flußnähe schütten die Spelzen bei nicht genügender Nutzung gern in die Flüsse, was bei benachbarten Pumpstationen der Bewässerungsperimeter jedoch zu Betriebsstörungen führt.

Der Anteil der hauptsächlich im Gartenbau (Mulchen) und oft über den Umweg der Einstreu für das Vieh sowie gewerblich/-handwerklich (Tontopfbrennerei und Beimischung bei der Herstellung von Lehmsteinen) genutzt wird, liegt sehr oft unter 20 % (1)

Für die Betreiber von Reismühlen bietet sich daher die Möglichkeit, Spelzen als Heizmaterial für den Dampfkessel einer Vordämpfanlage und/oder für die Vergasung durch Pyrolyse zwecks Gewinnung von Schwachgas als Brennstoff für ein Stromaggregat zu verwenden, ohne traditionelle Bräuche zu stark zu stören.

Findet kein Parboiling statt, so reichen by Pyrolyse 50 % der anfallenden Spelzenmenge zur Energieversorgung der Reis-

---

1) AHT/GTZ: Regionale Reisspelzen- und Reisspelzenaschenutzung im traditionellen Bereich. Mai 1986 (Bezug über GTZ/FB 171).

mühle aus. Die restlichen 50 % können mit dem gleichen Verfahren über eine zweite Pyrolyseanlage zur Energieversorgung nicht reismühlengebundener Verbraucher genutzt werden.

Verschiedene Autoren (1) geben den Heizwert der Reisspelzen mit 2900 - 3600 Kcal/Kg an. Die Zusammensetzung wird wie folgt angegeben:

Feuchtigkeit	6 - 11 %
Asche	14 - 25 %
Eiweiß	2 - 4 %
Fett	0,5 - 2 %
Rohfaser	35 - 50 %
Stickstoff-freie Extrakte	15 - 35 %.

3.2 Schäl- und Schleifmehl

Schälmehl und besonders Schleifmehl (Kleie) fallen mit insgesamt ca. 10 % - bezogen auf das Nettogewicht des Paddy - an. Es handelt sich hier um ein sehr hochwertiges Kraftfutter für das Vieh.

Der Absatz dieses Nebenproduktes bietet keinerlei Schwierigkeiten. Für die Tierhalter im Einzugsbereich von Reismühlen ist die Kleie in den Dürrejahren oft das einzige Futtermittel für die Rettung der Viehbestände.

---

1) FAO Agricultural Services Bulletin 31.

Für Schleifmehl (Kleie) lassen sich nach Angaben der FAO (1) und der ADRAO (2) folgende Bestandteile errechnen:

Eiweiß	12 %	Phosphor	0,09 %
Kohlehydrate	4,49 %	Eisen	0,02 %
Rohfaser	10 %	Thiamin	0,0002 %
Asche	14 %	Riboflavin	0,000025 %
Kalzium	0,25 %	Niacin	0,0018 %

Der Vitaminschwerpunkt liegt im B-Bereich.

---

1) FAO Tropical Feeds. 1975.
2) Association pour le Développement de la Riziculture en Afrique de l'Ouest - Techniques Post-Messiales. 1980.

4. Kostendruck

4.1 Erzeuger- und Verbraucherpreise

In fast allen westafrikanischen Ländern besteht eine von den Regierungen fest vorgeschriebene Preispolitik. Dieses trifft für Lebensmittel und somit für Reis besonders zu.

Dabei werden den Reisbauern feste Mindestpreise garantiert, welche von den aufkaufenden Mühlen zu zahlen sind. Das gleiche gilt für die Verbraucherpreise, die von den Mühlen und den nachfolgenden Handelsorganisationen (oft staatlich) nicht überschritten werden dürfen.

Zwischen diesen beiden Endpunkten der Preisdifferenz liegen die Mühlen mit ihren Verarbeitungskosten, welche ständig dem Druck der steigenden Industriepreise ausgesetzt sind. Einsparungen bei der Beschaffung von Ersatz- und Verschleißteilen sind nicht möglich. Der gern beschrittene Weg einer beschränkten Ersatzteilhaltung zwecks Kapitaleinsparung zahlt sich durch die dadurch hervorgerufenen Stillstandzeiten bei Pannen nicht aus. Einsparungen bei den Personalkosten sind bei den üblichen niedrigen Löhnen Westafrikas undenkbar (Arbeitsmindestlohn DM 0,63/Std. in Mali). Die einzige Möglichkeit, den Kostendruck zu verringern, liegt im Bereich der Energiekosten (s. Punkt 7).

Nachstehend sind die Gesamtbetriebskosten einer Reismühle am Beispiel Molodo aufgegliedert.

4.2 Betriebskostenrechnung für eine Reismühle von 3,5 To/h

4.2.1 Tilgung und Zinsen

Investition	Dauer (Jahre)	Abschreibung/ Zinsen	Kapitalwert (DM)	Tilgung (DM)
Mühlenmaschinen	10	0,14125	900 000	127 125
Gebäude	30	0,07205	1 800 000	129 690
Erstellung	10	0,14125	60 000	8 475
Transport	10	0,14125	80 000	11 300
Fuhrpark	7	0,1832	150 000	27 480
			2 990 000	304 070

4.2.2 Jahresbetriebskosten
(5 500 Stunden = 19 250 to Paddy):

Personalkosten (50 Mann)	100 000
Reparatur/Wartung Maschinen (5 %)	45 000
Reparatur/Wartung Gebäude (2,5 %)	90 000
Verschleißkosten (10 %)	90 000
	325 000

4.2.3 Energiekosten (Diesel) (DM 14,21/To)   273 030
(Aufgliederung s. Punkt 5)

Summe bei Dieselenergie   902 100
========

Prozentualer Anteil der Kosten:
Tilgung	33,72 %
Betriebskosten	36,02 %
Energie	30,26 %

5. Energiekostenanteil mit fossiler Energie

Der unter Punkt 4 aufgezeigte Energiekostenanteil von DM 273.030 pro Jahr, gleich 30,26 % der Gesamtkosten der Mühle, setzt sich wie folgt zusammen.

5.1 Tilgung und Zinsen für Dieselaggregat

Investition	Lebensdauer (Jahre)	Abschreibung/ Zinsen	Kapitalwert (DM)	Tilgung (DM)
2 x 170 KVA Generator	13	0,1173	280 000	32 844
Gebäude	30	0,072	60 000	4 320
Erstellung	13	0,1173	25 000	2 933
Transport	13	0,1173	25 000	2 933
Summe			370 000	43 030

5.2 Gesamtbetriebskosten

Betriebsmittel (570 000 kWh/Jahr):
- Schmieröl (DM/Jahr) 10 000
- Dieselöl (DM/Jahr) 198 000
- Reparatur/Wartung (DM/Jahr) 7 000

Personalkosten (DM/Jahr) 15 000

Tilgung und Zinsen (DM/Jahr) 43 030
Summe laufende Kosten 273 030

Kosten DM/kWh 0,48

Der Anteil des Dieselöls (300 g/KW) beträgt 72,5 % der gesamten Energiekosten.

Hier liegt der Ansatzpunkt für eine Senkung der Betriebskosten. Alternative Energien, wie die nachstehend unter Punkt 7 beschriebene Pyrolyse-Vergasung der in jeder Reismühle reichlich anfallenden Spelzen, bietet erhebliche Möglichkeiten zur Kostensenkung.

6. Bisherige Verwendungsformen von Reisspelzen

Reisspelzen werden im westafrikanischen Raum nur ungenügend genutzt. Im traditionellen Bereich konnten nachstehend aufgeführte Anwendungsarten beobachtet werden:

- Bodenabdeckung (Mulchen) im Gartenbau

- Einstreu für Haustiere (anschließend Mulchen mit Düngewirkung)

- in einzelnen Fällen handwerklich-artisanale Nutzungen wie
  . Beimischung bei der Herstellung von Lehmziegeln
  . Brennmaterial für die Tontopfbrennerei.

Vereinzelt werden Reisspelzen auf besonders unkrautbefallene Felder befördert, um dort verbrannt zu werden. Die durch das langsame Verglimmen der Spelzen anhaltende Hitzeeinwirkung vernichtet die oberflächig vorhandenen Unkrautsamen.

Ohne vorstehend aufgezeigte Nutzungen zu beeinträchtigen, werden in fast allen Ländern die Reisspelzen zur Gewinnung von maschinell nicht entfernbaren Reisfeinbruchanteilen im Windzug von Hand ausgesiebt.

Die traditionelle Gesamtnutzung der Spelzen übersteigt in der Regel nicht 20 % der insgesamt anfallenden Menge (1).

Eine industrielle Nutzung kommt - abgesehen von Mali, wo bereits drei Pyrolysevergasungsanlagen bestehen - nur in den Vordämpfanlagen (Parboiling) einiger weniger Reismühlen infrage.

---

1) AHT/GTZ: Regionale Reisspelzen- und Reisspelzenascheverwertung im traditionellen Bereich. Mai 1986.

Die für die Dampfkessel benötigte Spelzenmenge wird direkt von der Mühle in die Befeuerung der Kessel befördert und steht für die Gewinnung von Reisfeinbruchanteilen nicht mehr zur Verfügung. Das gleiche gilt für die Pyrolyseanlage.

7. Der Rohstoff Reisspelzen und die energetische Verwendung

7.1 Reisspelzen, Wert und Verfügbarkeit

Von der Reismühle Molodo werden stündlich 3,5 to Paddy verarbeitet. Bei einem Spelzenanteil von ca. 20 % fallen somit ca. 700 kg Spelzen pro Stunde an. Die für die Erzeugung von 1 kW benötigte Gasmenge läßt sich aus ca. 2,5 kg Spelzen durch Pyrolyse gewinnen. Da die Reismühle selbst nur etwa 110 kW Strom pro Stunde benötigt, der Eigenbedarf der Gasreaktoranlage bei 12 kW/Std. liegt und Nebeneinrichtungen in Mühlennähe noch einmal ca. 12 KW/Std. verbrauchen, besteht ein Gesamtstrombedarf von ca. 135 kW/Std. Somit reichen weniger als 50 % der verfügbaren Spelzen aus, um eine Reismühle wie Molodo, welche eine Jahresverarbeitungskapazität von ca. 20.000 to Paddy hat, nebst den dazugehörigen Nebeneinrichtungen wie Büros, Werkstatt und Wohnungen fremdenergieunabhängig zu machen.

7.2 Systemaufbau des Gaskraftwerkes [1]

Die Anlage besteht aus drei Komponenten:

- Gasreaktor zur Erzeugung von brennbarem Schwachgas
- Gasreinigungs- und Kühlanlage
- Gasmotor zum Antrieb des Generators.

---

[1] Dr. A. KAUPP, GTZ - FB 212: Zwischenbericht Monitoring Reisspelzengasgenerator (auszugsweise). Mai 1985.

7.2.1 Gasreaktor (Abb. 1)

Es handelt sich hier um das traditionelle Modell, das schon am 10.02.1934 als Patent Nr. 592608 von Humboldt-Deutzmotoren angemeldet wurde. Die Besonderheiten und Abänderungen liegen im Ascheaustrag und der fehlenden Innenausmauerung, die durch eine äußere Wasserkühlung ersetzt wurde. Der Reaktor besteht bewußt aus vielen Einzelmodulen, die sich leicht austauschen lassen. Wie alle absteigenden Gasgeneratortypen, die im relativ niedrigen Temperaturbereich von 800 - 900 °C arbeiten, ist die Erzeugung eines teerfreien Gases nicht möglich.

7.2.2 Die Gasreinigung (Abb. 2)

Bei der Gasreinigung handelt es sich um eine konventionelle Naßwaschanlage, die in Sprühtürmen das Gas von Teer und Staub befreien soll. Die Anlage ist leicht zerlegbar konstruiert und verbraucht beträchtliche Mengen an Wasser (ca. 15 m^3/h). In dieser Anlage wird das Gas auch gekühlt.

Diese Gasreinigung/Kühlung ist nicht optimal, aber die robuste Bauweise des Gasmotors ermöglicht den Schwachgasbetrieb mit wesentlich höheren Staub- und Teeranteilen, als dies bei den sonst üblichen modernen Motoren der westlichen Industrieländer der Fall wäre.

7.2.3 Der Gasmotor (Abb. 3 - Gesamtanlage)

Der Gasmotor ist bei weitem die interessanteste Anlagenkomponente und der Schlüssel zu den erstaunlichen Leistungen hinsichtlich Zuverlässigkeit und Lebensdauer. Es handelt sich um einen zum Otto-Motor umgebauten 88,3 Liter Dieselmo-

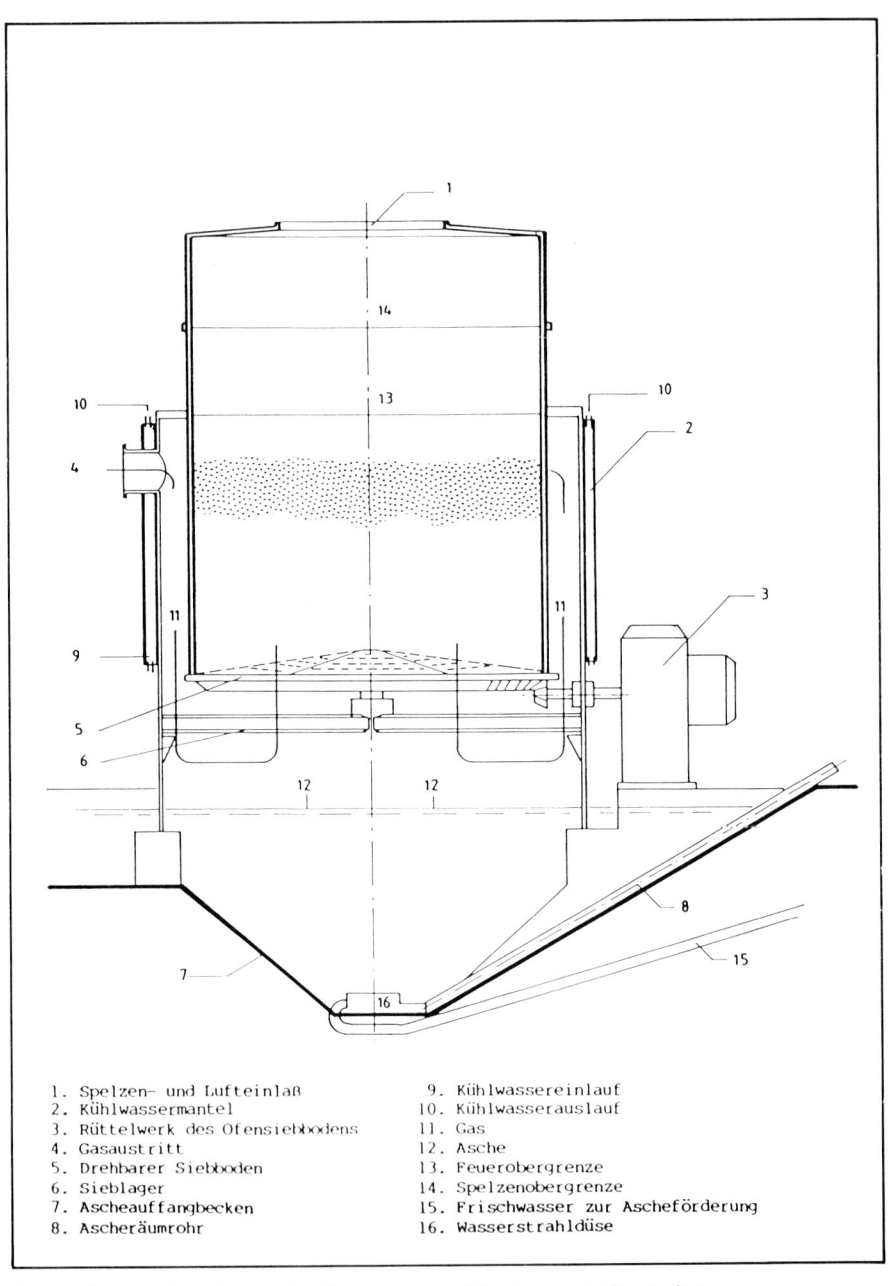

Abb. 1 Chinesischer Gasreaktor, Durchmesser 1,90 m innen, 2,40 m außen

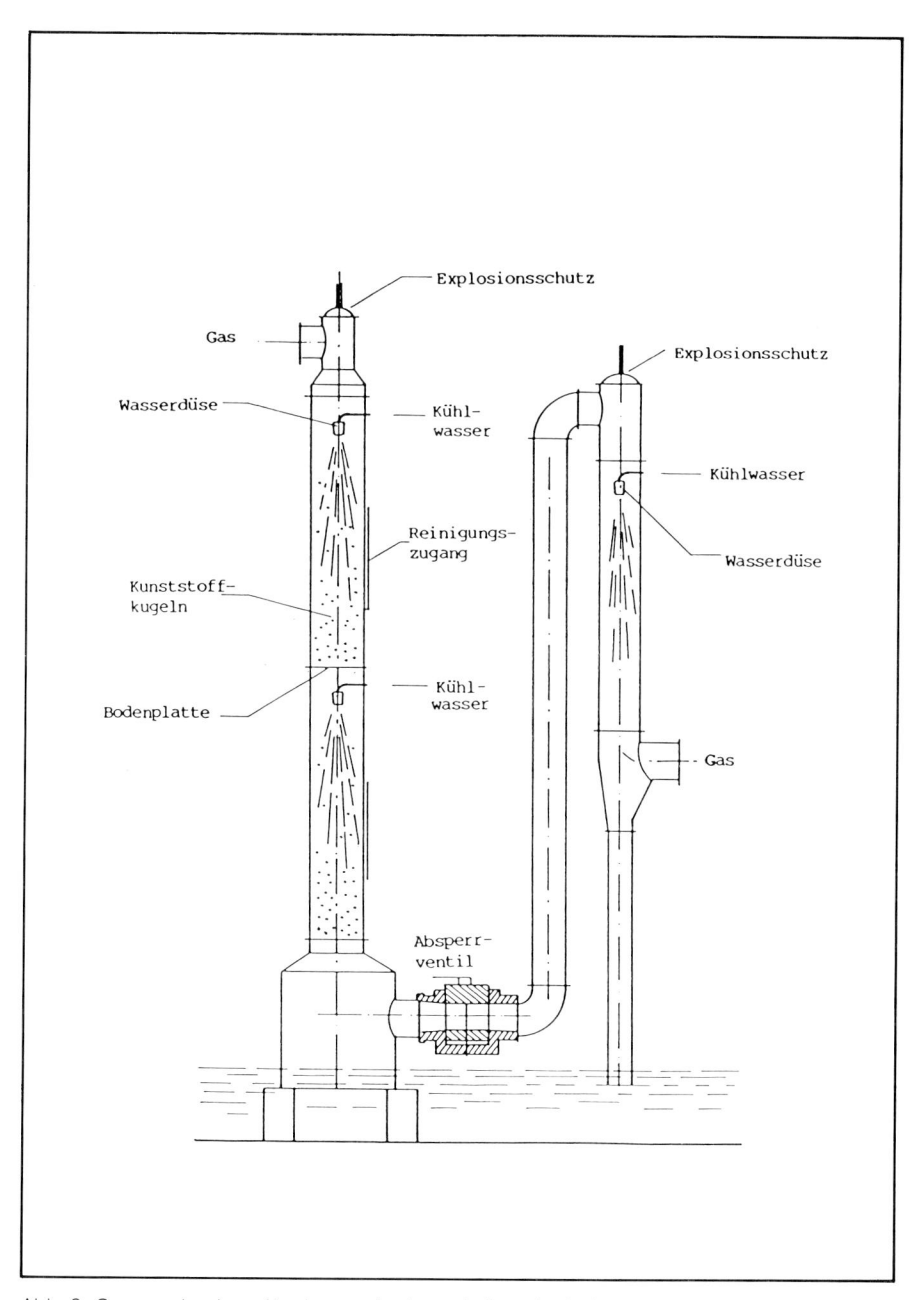

Abb. 2 Gaswaschanlage (Aschewaschrohr und einer der beiden Kühlfiltertürme)

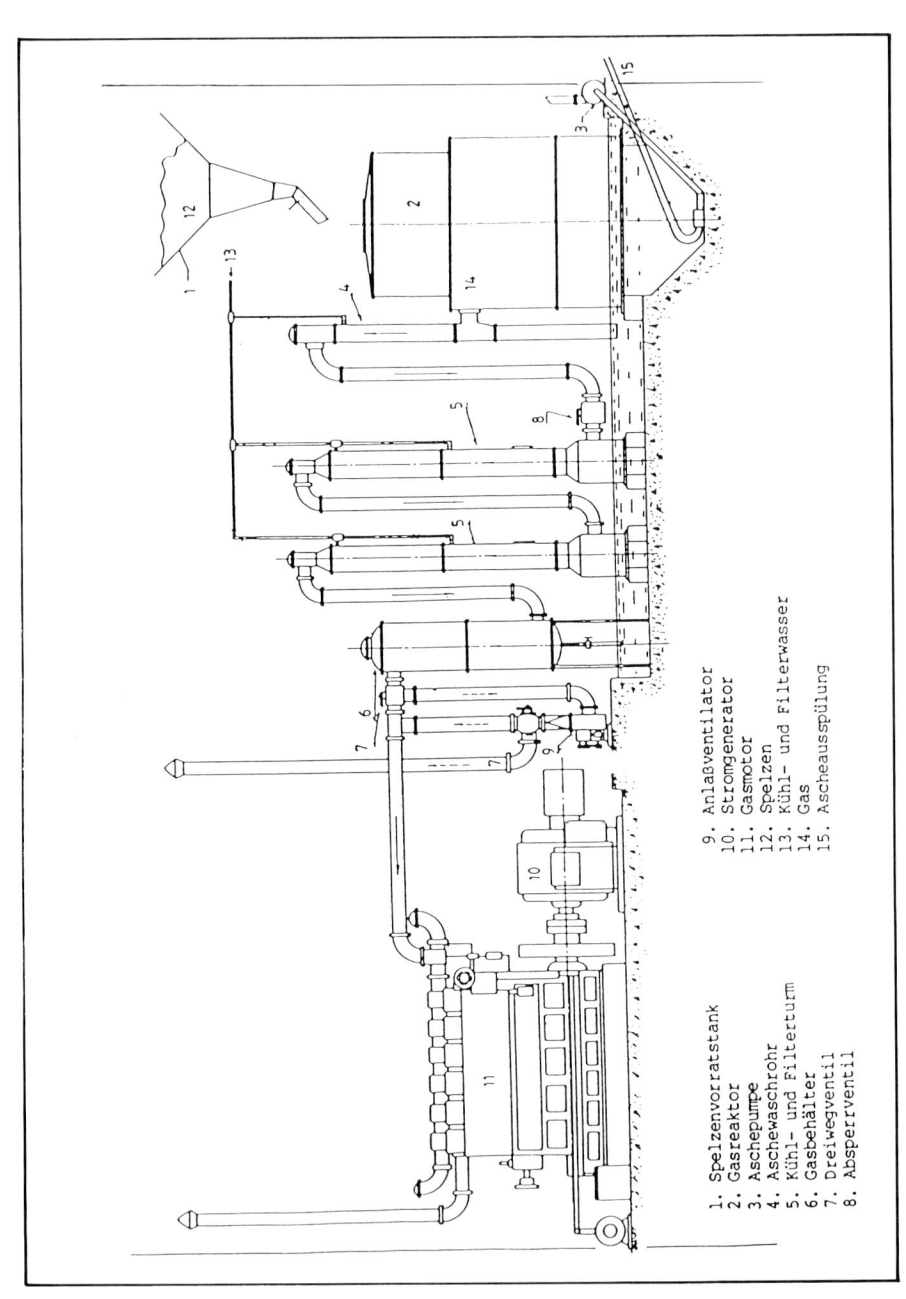

Abb. 3 Schema der kompletten Anlage in Mali

1. Spelzenvorratstank
2. Gasreaktor
3. Aschepumpe
4. Aschewaschrohr
5. Kühl- und Filterturm
6. Gasbehälter
7. Dreiwegventil
8. Absperrventil
9. Anlaßventilator
10. Stromgenerator
11. Gasmotor
12. Spelzen
13. Kühl- und Filterwasser
14. Gas
15. Ascheausspülung

tor (Hongyan Motor Works/China, Typ 6250 M), der mit 600 Umdrehungen pro Minute betrieben wird.

Des weiteren sind die gesamten Ventilaufbauten und Regelgestänge nach außen verlegt. Jeder Zylinder kann einzeln außer Betrieb genommen werden und sein Kompressionsdruck verändert werden. Es handelt sich hier um einen typischen Motor, mit dem man noch "arbeiten" kann und der speziell für Schwachgas konzipiert ist, In diesem Zusammenhang muß betont werden, daß die Hauptursache für das Scheitern vieler Gasgeneratoranlagen der Einsatz moderner Motoren (Schnelläufer) ist, die für Schwachgas ungeeignet sind.

Die Art und Weise, wie der Motor geregelt und betreut wird, mag für Verfechter moderner Industrieprodukte gleichzeitig faszinierend und erschreckend erscheinen:

- Jeder Zylinderraum enthält eine Referenztemperaturanzeige, die bei 450 - 480 °C gehalten wird. Damit wird automatisch das lästige unkontrollierte Entzünden des Gas-Luft-Gemisches an glühenden Kohlenstoffteilchen vermieden.

- Einmal pro Woche werden die Ventilaufbauten gegen einen zweiten Satz ausgetauscht und der erste von Teer und Staub gereinigt.

- Der Motor verbraucht ca. 3 - 4 g Öl für jede erzeugte Kilowattstunde.

7.3 Betriebspersonal

7.3.1 Qualifkation und Anzahl

Für den Betrieb der Anlage sind ein hauptverantwortlicher Maschinist, ein Elektriker sowie zwei Hilfskräfte notwenig. Die regelmäßigen Arbeiten und Überwachungsfunktionen sind:

- Ventil/Zylinderkopf ölen (30-Minuten-Intervalle)
- Reisspelzen nachfüllen (15 - 20-Minuten-Intervalle)
- Ventile austauschen und säubern (einmal pro Woche)
- gesamte Anlage säubern (einmal pro Saison)
- Ölwechsel (alle 600 Betriebsstunden).

7.4 Technische Daten und Werte

7.4.1 Betriebsdaten

- Spelzenverbrauch   250 - 350 kg/h
- Wasserverbrauch   25 - 35 m^3/h
- Ölbedarf (Außenschmierung)   0,4 l/h
- Ölwechsel   200 l/600 Std.
- Eigenstromverbrauch   12 kW/h
- Kaltstart (Strombedarf/Zeit)   16 kW/6 - 8 Std.
- Stromabgabe   160 kW/h
  (Drehstrom 220/380 V - 50 Hz)
- Gasmotor, 6-Zylinder Otto-Motor in Reihe, 600 U/min, Hubraum 88,3 Liter
- Notstromaggregat 36 kW
  (Kaltstart - Wartung - Stillstand).

7.4.2 Anschaffungswert / Maße und Gewichte

- Gasanlage: Preis FOB   DM 490.000,--
- Reserve Dieselaggregat 36 kW FOB   DM 40.000,--
- Transport und Versicherung (je
  nach Entfernung) ca. 8 - 10 %   DM 40.000,--
  (der Inlandstransport vom nächsten
  Hafen kann hier erhebliche Mehrkosten
  verursachen)
- Montage   DM 60.000,--
- erforderliche Gebäude und Tiefbau   DM 150.000,--

Gesamtpreis   DM 780.000,--
  ================

Zuzüglich Kosten für lokales Personal sowie Unterbringung und Transport der Montagemannschaft.

Die Anlage wiegt seefrachtmäßig verpackt ca. 50 to. Der Raumbedarf liegt bei 130 m^3.

Zur Errichtung ist ein Gebäude von 10 x 20 m bei 6,5 m lichter Höhe erforderlich.

7.5 Kostenrechnung

7.5.1 Tilgung und Zinsen für Reisspelzengasgenerator

Investition	Lebensdauer (Jahre)	Abschreibung/ Zinsen	Kapitalwert (DM)	Tilgung (DM)
1 x 36 KW Generator	20	0,103	40 000	4 120
Gebäude	30	0,073	100 000	7 200
Abwassersystem	15	0,107	50 000	5 350
Erstellung	13	0,1173	60 000	7 038
Transport	13	0,1173	40 000	4 692
Gasgenerator	13	0,1173	490 000	57 477
Summe			780 000	85 877

7.5.2 Gesamtbetriebskosten

- Betriebsmittel (570 000 kWh/Jahr):
  - Schmieröl   (DM/Jahr)   19 000
  - Dieselöl (Notstrom) (DM/Jahr)   5 000
  - Reparatur/Wartung   (DM/Jahr)   12 000

- Personalkosten   (DM/Jahr)   25 000

- Tilgung und Zinsen   (DM/Jahr)   85 877
  Summe laufende Kosten   146 877

Kosten pro KW   (DM)   0,26

7.6 Vorteile - Nachteile

7.6.1 Vorteile

Reismühlen wie die in Molodo liegen sehr oft in abgelegenen Gebieten. Selbst bei im Land vorhandenen Wasserkraftwerken (Billigstrom) lohnt sich aufgrund des verhältnismäßig geringen Strombedarfs der Bau einer Überlandleitung oft nicht. Folglich werden solche Mühlen meistens mit fossiler Energie (Dieselgeneratoren) angetrieben. Der Jahresbedarf an Dieseltreibstoff beträgt für die Bezugsanlage Molodo einschließlich der Nebeneinrichtungen ca. 180 000 Liter. Die vollständige Einsparung dieser Dieselmenge hebt - trotz hoher Investitionskosten bei der Gasanlage - die Rentabilität der Mühle beträchtlich an. In Entwicklungsländern wie Mali ohne nennenswerte Deviseneinnahmen kommt außerdem der Deviseneinsparung durch nicht benötigten Dieseltreibstoff besondere Bedeutung zu.

7.6.2 Nachteile

Die hohen Investitionskosten (s. 7.4 bis 7.5) und eine gewisse Umweltbelastung (s. 8.) stellen die Hauptnachteile dar.

Auch wenn jährliche Einsparungen von ca. DM 200 000 für Dieseltreibstoff die Abschreibung der Anlage erleichtern, so bleibt der hohe Anschaffungswert von ca. DM 800 000 für viele Betreiber von Reismühlen in Entwicklungsländern ein grosses Hindernis. Die Anschaffung von Dieselgeneratoren, welche nicht nur wesentlich billiger sind, sondern auch oft in einem schon vorhandenen Raum aufgestellt werden können, bleibt die anfangs preiswertere Alternative. Aus diesem Grund ist der Entwicklungshilfe auf dem Gebiet alternativer Energien - wie hier dargestellt - besondere Bedeutung zuzumessen.

Die Umweltbelastung durch das Abwasser (Gasduschwasser) einer solchen Anlage ist zwar gering, sollte aber trotzdem nicht außer acht gelassen werden. Durch Mehrkosten in Höhe von ca. DM 50 000 läßt sich hier wesentliche Abhilfe schaffen. Dicht besiedelte Gebiete sollten gemieden werden (s. auch 11. - Grenzen des Systems).

8. Ökologische Absicherung

8.1 Beschreibung der Abwasserfilteranlage (s. Schema)

Das aus der Gasanlage (1) fließende Abwasser der Gasdusche (12 - 15 m^3/h) vermischt sich mit dem Kühlwasser des Reaktors (4 - 5 m^3/h) und fließt in das Zwischenbecken (2). Dort kommt ebenfalls ablaufendes Motorkühlwasser (5 - 6 m^3/h) an, es erfolgt also eine Vermischung von belastetem und nicht belastetem Abwasser. Mittels einer Pumpe wird das gesamte Abwasser in ein Aschefilterbecken (3) befördert und dort über ein Prallblech (5) versprüht. Parallel dazu wird mittels einer Wasserstrahldüse die unter dem Reaktor anfallende Asche in das gleiche Becken gepumpt und ebenfalls verrieselt (4). Es erfolgt hier ein wesentlicher Vorgang der Wasseraufbereitung, nämlich die Wiederanreicherung mit Sauerstoff.

Das auf Höhe der Räumpforten (6) austretende Abwasser hat die im Becken 3 lagernden Aschemengen durchquert und kann jetzt aus dem Zwischenbecken (7) teilweise in den Kühl- und Duschkreislauf zurückgeführt werden.

Eine weitere Verbesserung der Wasserqualität erfolgt im Pflanzbecken (8). Dort können sowohl Binsen als auch Schilf und besonders Wasserhyazinthen, welche die Eigenschaft haben, Phenole abzubauen, gepflanzt werden. Das aus Becken 8 in den Abwassergraben 9 fließende Wasser ist soweit gereinigt, daß es in den vorkommenden Mengen nicht mehr unweltgefährdend ist. Erste Untersuchungen (1*) ergaben, daß das beim Gasgebäudeaustritt und somit im Zwischenbecken 2 anfallende Abwasser mit 1,6 mg/l Phenol belastet ist. Mischproben

---

1*) DR. JÜRGEN PORST: Überwachung eines Reisspelzengasgenerators. Mai 1986.

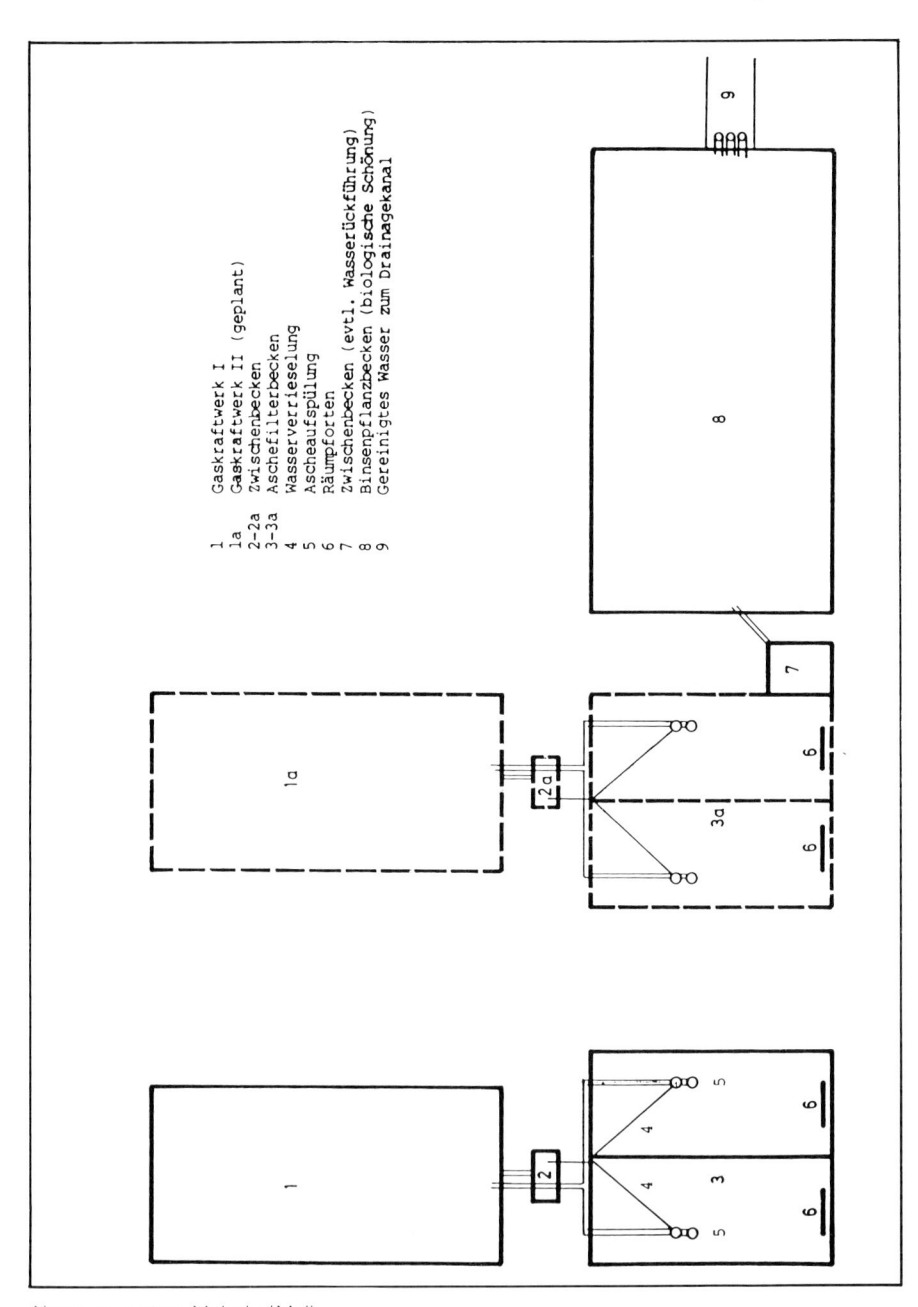

1   Gaskraftwerk I
1a   Gaskraftwerk II (geplant)
2-2a Zwischenbecken
3-3a Aschefilterbecken
4   Wasserverrieselung
5   Ascheaufspülung
6   Räumpforten
7   Zwischenbecken (evtl. Wasserückführung)
8   Binsenpflanzbecken (biologische Schönung)
9   Gereinigtes Wasser zum Drainagekanal

Abwassersystem Molodo / Mali

aus Becken 8 - also kurz vor der Freigabe des Wassers an die Umwelt - ließen nur noch das Vorhandensein von 0,03 mg/l Phenol erkennen.

Andere Untersuchungen (2*) ergaben, daß die Gesamtbelastung nur bei 10 % normaler kommunaler Abwässer liegt. Desgleichen weisen Böden von Referenzgasanlagen in Mali, die nicht mit einem Abwasserreinigungssystem ausgerüstet sind, nach langjähriger Versickerung der Abwässer nur Phenolrückstände von weniger als 0,5 mg/kg auf.

8.2 Gewünschte Ziele

Die Gesamtbelastung ist - laut 1* und 2* - im Vergleich zu den verschiedenen Abwässern in den Industrieländern gering. Das bisher erreichte Ziel von 0,03 mg/l Phenolgehalt läßt hoffen, daß bei einer weiteren Verfeinerung und besonders bei einer intensiveren Bepflanzung, welche zur Zeit der ersten Untersuchungen von 1* noch nicht erfolgt war, Ergebnisse erzielt werden können, die jegliche ökologischen Bedenken ausräumen. Ein "Vollintegriertes System" (s. Schema), das bei zwei Vergasungsanlagen neben den verschiedensten Spelzennutzungen auch Nebenerwerbszweige bietet und bei welchem drei biologische Schönungen des Abwassers vorgesehen sind, wird eine Restwasserqualität bieten, die allen ökologisch erforderlichen Normen gerecht wird.

Mit geringem Mehraufwand sind hierbei zusätzliche "Kaskaden" im Abwassersystem vorgesehen, die in flachem Gelände mangels Gefälle durch Solar- oder E-Pumpen betrieben werden können. Durch sie wird der Sauerstoffeintrag (Duscheffekt) optimiert und die Belastung weiter reduziert.

2*) INSTITUT FRESENIUS: Untersuchungen von Wässern und Feststoffen. Juli 1984.

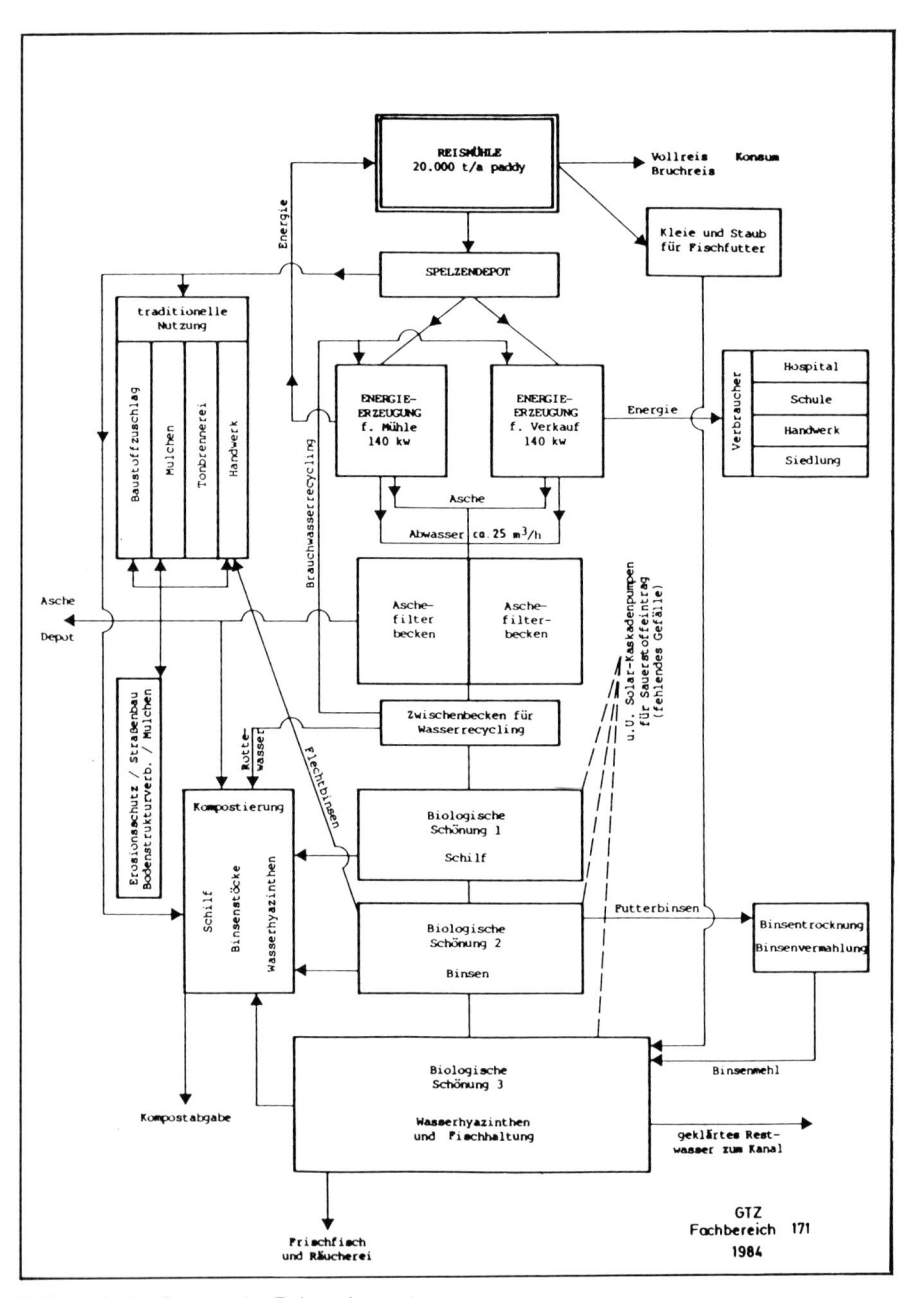

Vollintegriertes System der Reisspelzennutzung

9. Kostengesamtrechnung / Kostenvergleich

Die unter 4.2 und 5. für die Reismühle und die fossile Energie einerseits und unter 7. für Gasenergie andererseits aufgeführten Berechnungen erlauben folgende Gegenüberstellung:

	Mühle mit Dieselenergie	Mühle mit Gasenergie
Investition	DM 3 360 000	DM 3 770 000
Jahreskosten:		
Mühle		
- (Abschreibung, Tilgung)	304 070	304 070
- Betriebskosten	325 000	325 000
Jahreskosten Mühle	629 070	629 070
Energie:		
- Abschreibung/Tilgung	43 030	85 877
- Betriebskosten	230 000	61 000
Jahreskosten Energie	273 030	146 877
Gesamtjahreskosten	902 100	757 947

Somit verringern sich die Energiekosten in der Einzelberechnung auf knapp 54 % gegenüber der Dieselenergie.

Die Gesamtbetriebskosten der vollständigen Anlage (Mühle und Energieerzeugung) fallen bei Gasenergie auf 86 % gegenüber den Gesamtkosten bei Dieselenergie. Bei 19 250 to verarbeitetem Paddy im Jahr fallen die Verarbeitungskosten von DM 46,86 auf DM 40,30, also eine Verringerung von DM 6,56/to Paddy. Das bedeutet trotz höherer Abschreibung/Tilgung eine jährliche Kostenersparnis von DM 126 280. Diese Summe erlaubt die Einsparung der Investitionskostendifferenz zwischen Diesel- und Gaskraftwerk von DM 410 000 in weniger als vier Jahren.

10. Zweitanlage zur Energieabgabe "Molodo II"

10.1 Spelzenverfügbarkeit

Den vorausgegangenen Ausführungen ist zu entnehmen, daß in der Reismühle Molodo stündlich 700 kg Reisspelzen anfallen. Die bestehende Anlage benötigt zur Erzeugung der für die Mühle und ihr Umfeld erforderlichen Energiemenge knapp die Hälfte davon. Selbst beim Betrieb einer Zweitanlage werden also von den insgesamt jährlich anfallenden 3850 to Spelzen noch ca. 200 to = ca. 1800 m^3 Spelzen übrig bleiben. Diese Menge wird, wie ermittelt wurde, für die traditionelle Nutzung der Spelzen ausreichen. Außerdem kann ein Großteil der lokal bekannten Spelzennutzung auch mit Spelzenasche (nach Pyrolyse) erfolgen (1).

10.2 Energiebedarf

Einrichtungen des malischen Projektträgers "Office du Niger" wie Werkstätten, Büros, Schulen in Molodo selbst und in der 8 km entfernten Bezirkshauptstadt Niono bieten sich als Stromabnehmer an. Sie werden augenblicklich durch ein Dieselkraftwerk versorgt. Dieses Kraftwerk versorgte früher ebenfalls die Mühle Molodo. Die daher bestehende Überlandleitung bietet sich zum Transport der von der zweiten Gasanlage Molodo erzeugten Energie an. Es entstehen folglich bei der Stromverteilung keine zusätzlichen Investitionskosten.

---

1) AHT/GTZ: Regionale Reisspelzen- und Reisspelzenascheverwertung im traditionellen Bereich. Mai 1986.

10.3   Angewandte Technik

Bei der Zweitanlage kommt erneut das unter 7. beschriebene chinesische Pyrolysesystem zum Einsatz. Im Gegensatz zu Molodo I wird Molodo II nicht mit einem 36 kW Dieselnotstromaggregat ausgerüstet. Da während den Wartungszeiten und bei Ausfällen die Stromversorgung aufrechterhalten werden muß, wird Molodo II mit einem Dieselaggregat von 140 kW ausgerüstet. Das unter 8. - ökologische Absicherung - dargestellte "Vollintegrierte System" wird realisierbar.

10.4   Entwicklungspolitische Aspekte

Erfahrungen und Beobachtungen haben gezeigt, daß agro-industrielle Betriebe in abgelegenen Orten durch die Abgabe elektrischer Energie sehr oft dazu beigetragen haben, diesen Orten Entwicklungsimpulse zu geben. Nicht nur Krankenhäusern, Schulen und anderen örtlichen Einrichtungen wurden durch den Anschluß an die Stromversorgung bessere Arbeitsmöglichkeiten geboten, auch bestehende Handwerksbetriebe konnten sich modernisieren, bzw. neue Kleinbetriebe entstanden. Die Verfügbarkeit von kostengünstiger alternativer Energie (DM 0,26/kW ab Kraftwerk) dürfte sich im Raum Molodo besonders günstig auswirken.

11. Grenzen des Systems

Der Errichtung von Pyrolysevergasungsanlagen zur Erzeugung elektrischer Energie sind gewisse Grenzen gesetzt, die abschließend aufgeführt werden sollen, um unrealistische Erwartungen zu vermeiden.

11.1 Wasserverfügbarkeit

Der relativ hohe Wasserbedarf von ca. 15 m^3/h ist ein beachtlicher Faktor bei der Planung. Nur Gegenden mit Flüssen, Seen und Kanälen oder dergleichen sind bedenkenlos für solche Anlagen geeignet. Die Entnahme dieser Wassermengen aus Brunnen wird selbst bei einer guten Wasserrückführung (Recycling), wie sie das "Vollintegrierte System" vorsieht, nicht einfach sein. Dies gilt besonders für Standorte in heißen Klimazonen, da der Anteil des Recyclingwassers von der Umgebungstemperatur abhängt.

11.2 Spelzenverfügbarkeit

Reisspelzen sind, wie unter 10.1 dargestellt, genügend vorhanden. Beim Betrieb einer Vordämpfanlage sind jedoch die Ausführungen von 3.1 zu beachten, d.h. nur bei einem Anteil von höchstens 50 % an vorgedämpftem Paddy bleiben genügend Spelzen für eine Pyrolyseanlage verfügbar. Um einschneidende Behinderungen einer eventuellen intensiven traditionellen Spelzennutzung zu vermeiden, sollten auf diesem Gebiet jeweils genaue Standortuntersuchungen angestellt werden.

11.3   Strombedarf

Die unter 10.4 aufgezeigten Aspekte der ländlichen Entwicklung sind Anreiz genug, um nichts unversucht zu lassen, das Angebot an kostengünstiger elektrischer Energie zu schaffen bzw. zu verbessern. Es muß jedoch sichergestellt werden, daß der erzeugte Strom in ausreichender Menge abgenommen werden kann. Nicht nur die Rentabilität der Anlage (58 % der Gesamtkosten entfallen auf die Abschreibung/Tilgung) kann infrage gestellt werden, sondern ein besonders wichtiger technischer Faktor, nämlich die Auslastung des Gasmotors, ist sehr entscheidend. Durch eine bessere Gasqualität und gute Verbrennung erreicht der hier eingesetzte Motor erst bei ca. 60 % Auslastung eine angemessene Laufruhe.

11.4   Nationale und örtliche Auflagen/Behinderungen

Obwohl in den meisten Gegenden Afrikas und besonders in der Sahelzone die Zurverfügungstellung von elektrischem Strom im ländlichen Raum notwendig ist und allgemein begrüßt wird, so sollte jedes System in das Gesamtenergiekonzept des Landes einbezogen werden. Die Verfügbarkeit elektrischer Energie zum Beispiel in absehbarer Zeit (unter 2 - 4 Jahren) und in angemessener Entfernung des Wasserkraftwerkes selbst bzw. einer geplanten oder bestehenden Transportleitung darf nicht außer acht gelassen werden.

Örtliche Gegebenheiten erlauben nicht immer eine optimale Errichtung einer solchen Anlage. Reismühlen sind oft in wasserreichen Gegenden mit einem extrem hohen Grundwasserspiegel anzutreffen. Bauliche Behinderungen sind daher möglich, besonders unter Beachtung der für den schweren Generator (ca. 10 to) erforderlichen Fundamente. Abwässer können leicht in das Grundwasser gelangen, ohne durch größere Bodenschichten, in welchen ein ausreichender Abbau der Schadstoffe erfolgen kann (1), zu versickern. Die Nähe von Brunnen sollte in solchen Fällen bei der Planung berücksichtigt werden.

11.5   Ökologie

Die unter 8. vorgestellten ökologischen Aspekte setzen gewisse Grenzen. Der ländliche Raum bietet bestimmte Freiheiten und Möglichkeiten, die in dicht besiedelten Gebieten entfallen; solche sind also zu meiden.

Die Wasserverfügbarkeit (s. 11.1) ist ein wesentlicher Faktor. Beim Vorhandensein von genügend Oberflächenwasser bieten sich Möglichkeiten, welche die Belastung von Schadstoffen soweit herabsetzen, daß jegliche Bedenken entfallen können.

Die genügende Auslastung der Anlage (s. 11.3) ist ein weiterer Ansatzpunkt bei der ökologischen Betrachtung. Schlecht verbranntes Gas hebt die Schadstoffwerte der Auspuffgase in einen Bereich, der auch in ländlichen Gegenden beachtet werden muß.

---

1) INSTITUT FRESENIUS: Untersuchungen von Wässern und Feststoffen. Juli 1984.

12. Verbreitungsmöglichkeiten

Trotz dieser Einschränkungen ist das dargestellte energetische Abfallnutzungssystem mit der chinesischen Pyrolyseanlage für viele Standorte in Reisanbauzonen die derzeit optimale Lösung.

Zur Erkundung des möglichen Bedarfs in Westafrika wurde der angehängte "Fragebogen zur Pyrolyseinstallation" von der GTZ entwickelt und durch das Bundesministerium für Wirtschaftliche Zusammenarbeit mit technischen Kurzinformationen an die Botschaften der Bundesrepublik Deutschland in den entsprechenden Ländern gesandt.

Anhang 1

Adressenverzeichnis

Auftraggeber	:	Bundesministerium für Wirtschaftliche Zusammenarbeit (BMZ) Karl-Marx-Str. 4 - 6 D - 5300 Bonn 1
Projektplanung und -steuerung	:	Deutsche Gesellschaft für Technische Zusammenarbeit (GTZ) mbH Postfach 5180 D - 6236 Eschborn 1
Projektleitung	:	Agrar- und Hydrotechnik GmbH (AHT) Postfach 100132 D - 4300 Essen 1
Projektträger	:	Ministère de l'Agriculture Office du Niger Boîte Postale 106 Ségou / Mali

Chinesische Partner:

- Administration : Ministry of Commerce
  Foreign Affairs Bureau
  45 Fuxingmen Nei Street
  Beijing / V.R. China

- Lieferung und Technik : China National Complete Plant Export Corporation (COMPLANT)
  An Ding Men Wai
  Beijing / V.R. China

Anhang 2 Fragebogen bzgl. Pyrolyse-Installation
zur energetischen Spelzenverwertung an bestehenden Reismühlen

Bitte Rücksendung an: GTZ, FB 171
Postfach 5180
D - 6236 Eschborn 1

A. Anschrift

Träger/Betreiber:

Adresse   :   Postfach:

Telefon   :   Telex   :

Land   :

B. Lage der Reismühle

ländlich ohne Siedlung ☐

ländlich mit Siedlung ☐

Industrieviertel ☐

städtisch ☐

Höhenlage: m ü/NN

Wasser   :   Km / m Entfernung (ganzjährig); Menge:

Vegetationsgürtel: Entfernung: Km; Flächengröße: Ha

C. Mühlenleistung kg/Paddy/h: Baujahr:

Auslastung %   :

Energieversorgung :   Lieferant:

Energieverbrauch :   KW/h

Parboiling   :   o ja   o nein

Paddy-Lagervolumen :   To

Weißreis-Lagervolumen :   To

Gesamtpaddyaufkommen des Einzugsgebietes: To/Jahr

Anhang 3: Fotodokumentation über den Aufbau des Kleinkraftwerks chinesischen Typs

Foto 1: Entladen der Aggregate, die von Shanghai bis Abidjan auf dem Seeweg und von dort per Lastwagen nach Molodo kamen.

Foto 2: Rohrverlegung vor Gießen der Fundamente für die Kleinkraftwerksanlage

Foto 3: (oben links)
Montage des Gasreaktors durch chinesisches Fachpersonal

Foto 4: (oben rechts)
Regelmäßiges Ölen ist wichtig! Außenliegende Ventile ermöglichen direkten Zugang.

Foto 5: (rechts)
Das Kühlwasser wird teilweise erneut in den Kühlkreislauf eingespeist und in der Endstufe in Pflanzenbecken biologisch gereinigt.

Anhang 4: Fotodokumentation über die Verwertungsmöglichkeiten der Reismühlenabfälle in der Landwirtschaft

In einer Reismühle fallen beachtliche Mengen an Abfallprodukten, vor allem Reisspelzen an. Häufig werden diese in Flüsse entsorgt, was jedoch zur Verstopfung der Pumpen von flußabwärts liegenden Bewässerungsanlagen führen kann.

Neben der in dieser Publikation abgehandelten Vergasung der Spelzen ist eine unmittelbare Verwertung der Reishülsen in der Landwirtschaft möglich. Zur Unkrautbekämpfung und zum Feuchthalten der Böden kann das Mulchverfahren — vor allem im Gartenbau — Anwendung finden. Die Spelzen eignen sich auch bedingt als Einstreu für das Vieh und anschließend zum Mulchen mit zusätzlichem Düngeeffekt. Gelegentlich werden die Reisspelzen auch von Handwerkern z.B. als Brennmaterial für Tonöfen oder als Beimischung für Lehmziegel gebraucht.

Wo die Reisspelzen jedoch, wie in Molodo, zur Gas- bzw. Stromgewinnung genutzt werden, fallen größere Mengen von Reisspelzenasche an. Diese wird — genau wie die unverkohlten Spelzen — in der Land- und Gartenwirtschaft als Bodenstrukturverbesserer entsorgt.

Foto 6: Abtransport von Reisspelzen durch Bauern mit eigenen Transportmitteln

Foto 7: Aschefilterbecken der Pyrolyseanlage Molodo
Bauern aus der Umgebung (6 km) holen sich Asche für ihre Gärten ab.

Foto 8: Zwiebelanbau in N'Débougou
Vorn links ein Beet, das erst nach dem Pflanzen mit einem Gemisch aus Asche und Spelzen behandelt worden ist. Rechts ein Beet, in dem vor der Bestellung Asche ohne Spelzen in den Boden eingearbeitet worden ist.

Foto 9: Zwiebelfeld in N'Débougou, in dem Asche und Spelzen nach dem Anpflanzen zur Anwendung kamen

Foto 10: Ein Bauer in Molodo bei der späten Behandlung eines Zwiebelfeldes mit Asche

Foto 11: Ein guter Saatzwiebelstand nach optimalem Einsatz von Asche und Spelzen

Foto 12: Außer Zwiebeln werden auch andere Gemüsesorten, wie z. B. Kohl, mit Asche und Spelzen behandelt

gtz

Deutsche Gesellschaft für Technische Zusammenarbeit (GTZ) GmbH
Dag-Hammarskjöld-Weg 1+2 · D 6236 Eschborn 1 · Telefon (06196) 79-0 · Telex 407 501-0 gtz d

Die GTZ ist ein bundeseigenes Unternehmen mit dem Aufgabengebiet „Technische Zusammenarbeit". In etwa 100 Ländern Afrikas, Asiens und Lateinamerikas realisieren ca. 4500 Experten zusammen mit einheimischen Partnern Projekte in nahezu allen Bereichen der Sektoren Land-und Forstwirtschaft, Wirtschaft und Sozialwesen sowie institutionelle und materielle Infrastruktur. – Auftraggeber der GTZ sind neben der deutschen Bundesregierung andere staatliche oder halbstaatliche Stellen.

GTZ-Leistungen u. a.:

– Prüfung, fachliche Planung, Steuerung und Überwachung von Maßnahmen (Projekten, Programmen) entsprechend den Aufträgen der Bundesregierung oder anderer Stellen,

– Beratung anderer Träger von Entwicklungsmaßnahmen,

– Erbringung von Personalleistungen (Suche, Auswahl, Vorbereitung, Entsendung von Fachkräften, persönliche Betreuung und fachliche Steuerung durch die Zentrale),

– Erbringung von Sachleistungen (technische Planung, Auswahl, Beschaffung und Bereitstellung von Sachausrüstung),

– Abwicklung finanzieller Verpflichtungen, gegenüber Partnern in Entwicklungsländern.

Die Reihe der **Sonderpublikationen der GTZ** umfaßt ca. 190 Titel. Ein ausführliches Verzeichnis kann bei der Stabsstelle 02 – Presse, Öffentlichkeitsarbeit – der GTZ angefordert werden oder bei der TZ-Verlagsgesellschaft mbH, Postfach 36, D 6101 Roßdorf 1.